Christian Fischer

Alexander Sutherland Neill

Summerhill und seine Idee der antiautoritären Erziehu

GRIN - Verlag für akademische Texte

Der GRIN Verlag mit Sitz in München hat sich seit der Gründung im Jahr 1998 auf die Veröffentlichung akademischer Texte spezialisiert.

Die Verlagswebseite www.grin.com ist für Studenten, Hochschullehrer und andere Akademiker die ideale Plattform, ihre Fachtexte, Studienarbeiten, Abschlussarbeiten oder Dissertationen einem breiten Publikum zu präsentieren.

Dokument Nr. V93688 aus dem GRIN Verlagsprogramm

Christian Fischer

Alexander Sutherland Neill

Summerhill und seine Idee der antiautoritären Erziehung

GRIN Verlag

Bibliografische Information der Deutschen Nationalbibliothek: Die Deutsche Bibliothek
verzeichnet diese Publikation in der Deutschen Nationalbibliografie; detaillierte bibliografische Daten sind im Internet über http://dnb.d-nb.de/ abrufbar.

1. Auflage 2007
Copyright © 2007 GRIN Verlag
http://www.grin.com/
Druck und Bindung: Books on Demand GmbH, Norderstedt Germany
ISBN 978-3-640-11529-7

Inhaltsverzeichnis

„Erziehung ist Beispiel und Liebe – sonst nichts"

(Friedrich Wilhelm August Fröbel)[1]

1. Einleitung

Pisaschock, Ganztagsschulen, Turboabitur, Entrümpelung der Lehrpläne, Reform der Bildungsinhalte – solche Schlagzeilen, die sich beliebig fortsetzen lassen, zeigen, welche Grundsatzfragen heutzutage im Mittelpunkt der bildungspolitischen Diskussion stehen. Ist unser Schulsystem in der Lage, Kinder und Jugendliche so auszubilden, dass sie den steigenden Anforderungen unserer modernen Gesellschaft gerecht werden, dass sie sich in der immer komplexer werdenden globalisierten Welt zurecht finden, dass sie sich selbst verwirklichen, aber auch zum Wohle der Gemeinschaft beitragen können?

Schule allein kann das sicher nicht leisten, aber neben bzw. gemeinsam mit den Eltern die hierfür nötigen Kenntnisse, Fähigkeiten und Verhaltensweisen zugrunde legen.

Anfangs des 20. Jahrhunderts stellte sich Alexander Sutherland Neill eine andere Grundsatzfrage, nämlich die, ob das seiner Meinung nach von Disziplin und Autorität geprägte Schul- und Bildungssystem reformiert werden müsste, hin zu einer Schule, die von Freiheit, Selbstbestimmung und Liebe gekennzeichnet ist.

„Ich hatte damals schon viele Jahre an gewöhnlichen Schulen unterrichtet, so dass ich die Methoden solcher Schulen gut kannte. Ich wusste, dass sie falsch waren. Sie waren falsch, weil sie von der Vorstellung Erwachsener ausgingen, was ein Kind sein und wie es lernen soll."[2]

Um seine Theorien und Vorstellungen von einer „antiautoritären Erziehung" in die Tat umzusetzen, gründete A. S. Neill 1921 die Internatsschule Summerhill (schon der Name suggeriert hier ein Gefühl von unbeschwerter Freiheit im Gegensatz zu dem von Zwang und Autorität bestimmten bestehenden Schulsystem), um den Schülern durch eine gewaltfreie Erziehung zu einem glücklichen Dasein zu verhelfen.

1965 erscheint unter dem Titel „Erziehung in Summerhill" ein Buch von A. S. Neill, das aber als Ladenhüter zunächst in den Regalen liegen blieb. Erst als der Rowohlt Taschenbuch Verlag das Manuskript 1969 unter dem Titel „Theorie und Praxis der antiautoritären Erziehung" veröffentlichte, wurde daraus ein Bestseller, der den Nerv

---

[1] URL: http://www.spielzeugland-erzgebirge.com/Ueber-uns:_:9.html [Stand: 29.02.2008].
[2] Sutherland Neil, A.: Theorie und Praxis antiautoritärer Erziehung. Hamburg 1969, S. 22.

der Zeit genau traf, zur studentischen Revolte und den ihr zugrunde liegenden Hoffnungen auf gesamtgesellschaftliche Veränderungen.

„Unter den Talaren der Muff von tausend Jahren"[3]

„Wer zweimal mit derselben pennt, gehört zum Establishment"[4]

Neills Vorstellungen einer freien und befreienden Erziehung, eines freien Auslebens der Sexualität treffen sich hier fast identisch mit der 68er Bewegung.

---

[3] Fernsehsendung „Aspekte" im ZDF vom 14.03.2008.
[4] Fernsehsendung „Aspekte" im ZDF vom 14.03.2008.

2. Biographie

2.1. Neills Kindheit und Jugend

Neills Biografie und seine späteren Erziehungsideale sind nicht ohne seine eigenen Kindheits- und Jugenderlebnisse, die von Zwang, Disziplin und Unfreiheit geprägt waren, zu erklären. Sein Konzept der antiautoritären Erziehung ist eine Widerspiegelung dessen, was er als Kind und Jugendlicher durchlebt hat. Der Autor Axel D. Kühn gibt in seinem Buch „Alexander S. Neill", das 1995 vom Rowohlt Verlag als Taschenbuch veröffentlicht wurde, in 155 Seiten einen Überblick über das Leben des schottischen Pädagogen und deckt den Zusammenhang zwischen den eigenen Schulerfahrungen Neills - sowohl als Schüler als auch als Lehrer - und dessen späteren pädagogischen Praxis auf.

Dieses Buch dient neben Neills Autobiographie als Grundlage für den folgenden Überblick über Neills persönliche Daten.

Alexander Sutherland Neill wurde am 17. Oktober 1883 als viertes Kind von George Neill, Leiter einer Dorfschule in Kingsmuir, und Mary Sutherland, Lehrerin an einer Schule in Leith, in Schottland Forfar geboren. Mary Sutherland gab ihre Tätigkeit als Lehrerin nach der Heirat mit George Neill auf, da es in der damaligen calvinistisch geprägten Zeit, verheirateten Frauen nicht erlaubt war, ihre Lehrtätigkeit weiter auszuüben.[5]

Mit viereinhalb Jahren wurde Alexander in die Schule seines Vaters eingeschult. Das Verhältnis zwischen Vater und Sohn war mehr als problematisch, da Alexander als Sohn des Lehrers nicht als bevorzugt gelten sollte und deshalb immer strenger als andere Kinder behandelt wurde. Prügelstrafe war zu dieser Zeit - nicht nur in Schottland - nichts Unübliches, um Kinder zu Gehorsam zu erziehen bzw. zu disziplinieren.[6]

„Mein Vater machte sich nichts aus mir [...] er war oft grausam [...] und ich entwickelte eine ausgesprochene Angst vor ihm, eine Angst, die ich auch als Mann nie ganz überwand."[7]

---

[5] vgl. Kühn, A. D.: Alexander S. Neill. Hamburg 1995, S. 7.
[6] vgl. URL: http://de.wikipedia.org/wiki/Alexander_Neill [Stand 03.03.2008].
[7] Kühn, A. D.: Alexander S. Neill. Hamburg 1995, S. 10.

Ein weiteres Beispiel dafür, welch angespanntes Verhältnis zwischen Vater und Sohn herrschte, brachte Neill in seiner Autobiografie, die im Englischen unter dem Titel „Neill, Neill Orange Peel" (dt. Titel: „Neill, Neill Birnenstil. Erinnerungen des großen Erziehers") veröffentlicht wurde, noch einmal deutlich zum Ausdruck und beschrieb dies wie folgt:

> *"Wenn ein Brotlaib einen besonders harten und unappetitlichen Knust hatte, schnitt mein Vater ihn mit einem Schlenker ab; mit einem weiteren Schlenker rollte er ihn in meine Richtung über den Tisch und sagte: 'Gerade richtig für Allie' (sc. Allie war der Rufname Neills in der Familie)."[8]*

George Neill hegte für seine Kinder ehrgeizige Pläne, Pläne, die er selbst einst zu verwirklichen versucht hatte, die ihm jedoch verwehrt wurden und die er deshalb auf seine Kinder projizieren wollte.[9] So beschrieb es Neill auch in seiner Autobiografie:

> *„Der Junge, den er bewunderte, war der Junge, der die anderen im Unterricht überrundete; und da ich mich nicht für Unterricht interessierte und nicht lernen konnte, konnte ich nicht hoffen, jemals meines Vaters Interesse oder Zuneigung zu gewinnen."[10]*

Neill schrieb über sich selbst, dass er ein minderwertiger Artikel und der Versager in einer Tradition akademischen Erfolgs gewesen sei und diese untergeordnete Stellung automatisch akzeptierte.[11]

Ende des neunzehnten Jahrhunderts war die Situation der Familie Neill im ländlichen Schottland durch ständigen Geldmangel gekennzeichnet, wobei sich das Schulleiterehepaar der Oberschicht der Gemeinde zugehörig fühlte, vor allem die Mutter Alexanders.

„Sie war ein Snob, und sie machte Snobs aus uns."[12] (sc. 'Snob' bezeichnet eine „Person, die durch ihr Verhalten und/oder ihre Aussagen offensiv Reichtum und gesellschaftliche Stellung gegenüber Personen vermeintlich oder tatsächlich niederen Ranges zur Schau stellt.").[13]

Da sich die Schulaufsicht damals meist aus Bauern, Pastoren und Bürgermeistern zusammensetzte, war es in der Realität so, dass die Lehrer einer dörflichen Gemeinschaft dieser Gemeinschaft unterstellt waren und somit automatisch einen niedrigeren Status hatten, als sie es sich eigentlich erhofften.

---

[8] Sutherland Neill, A.: Neill, Neill Birnenstil. Erinnerungen des großen Erziehers. Hamburg 1982, S. 25.
[9] vgl. Ebd., S. 50.
[10] Ebd., S. 22.
[11] vgl. Ebd., S. 25.
[12] Ebd., S. 19.
[13] URL: http://de.wikipedia.org/wiki/Snob [Stand: 03.03.2008].

Das beste Verhältnis hatte Alexander zu seiner jüngeren Schwester Clunie, wobei er für seine beiden älteren Brüder kaum existierte.

Neill wurde nicht nur durch die calvinistischen Einflüsse, die sich stark auf das schottische Bildungswesen auswirkten, geprägt, sondern auch durch die religiöse Erziehung seiner Großmutter Clunes Sinclair, die ihm immer wieder das Gefühl vermittelte, schuldig zu sein und für diese Schuld Höllenqualen erleiden zu müssen.[14]

2.2. Neills Lehrjahre, Studium und Beruf

Nach seiner 7-monatigen Tätigkeit als Schreibkraft in einer Fabrik folgte eine Ausbildung in einem Textilgeschäft, die Neill krankheitsbedingt im Alter von vierzehn Jahren aufgeben musste. Die Enttäuschung seiner Eltern war groß und so „zwangen" sie ihn, eine vierjährige Lehrerausbildung an der Schule seines Vaters zu beginnen. Am Ende der Ausbildung stand eine Prüfung, die über die Zulassung zum „Teacher-Training-College" entschied. Neill scheiterte zwar, ließ sich aber von dem Ziel, Lehrer zu werden, nicht abbringen. Er erhielt die Möglichkeit an dem „ex pupil"-Lehrerprogramm teilzunehmen, um später als Hilfslehrer, die die „niedrigsten Würmer im Garten der Bildung"[15] darstellen, zu arbeiten.

Nach acht Wochen an der „Jane McKinley School" wechselte er ima Alter von 20 Jahren an die Kingskettle School in Fife. Hier herrschte strengste militärische Disziplin. Der Schulleiter James Calder machte von seinem Riemen rücksichtslos Gebrauch und erwartete diese „Pädagogik" auch von Neill. Rückblickend beschrieb Neill diese Zeit so: „Kingskettle war und blieb ein Schrecken für mich [...] hauptsächlich erinnere ich mich an Angst."[16]

Nach Ende seiner Tätigkeit in Kingskettle nahm Neill 1906, nach bestandener Prüfung zum „Hilfslehrer", eine Stelle als Konrektor an der Newport Public School an, an der er relativ selbstständig arbeiten und unbeschwerter unterrichten konnte, aber auch viele und harte Kämpfe wegen seiner unkonventionellen Lehrmethoden und Eigenwilligkeiten im Lehrerkollegium ausstehen musste. Neill beschrieb diese Zeit als die vielleicht glücklichsten Jahre, die er bis dahin erlebt hatte.[17] Trotz all dieser hier erlebten positiven Erfahrungen wurde Neill schnell bewusst, dass er nach be-

---

[14] vgl. Kühn, A. D.: Alexander S. Neill. Hamburg 1995, S. 12.
[15] Sutherland Neill, A.: Neill, Neill Birnenstil. Erinnerungen des großen Erziehers. Hamburg 1982, S. 76.
[16] Ebd., S. 83.
[17] vgl. Ebd., S. 93.

standener Aufnahmeprüfung an der Universität ein Hochschulstudium aufnehmen würde, da ihn das starre und von Disziplin geprägte schottische Schulsystem in seiner Arbeit zu sehr einengen würde.

Im Alter von 25 Jahren nahm er 1908 ein Studium der Agrarwissenschaften auf, wechselte aber schnell den Studiengang und begann Englisch zu studieren. Er fand Gefallen am Studium der Anglistik, las Nietzsche und Ibsen, entwickelte ein großes Interesse für politische und soziale Fragen und wurde Herausgeber des Universitätsmagazins „The Student", in dem er unter anderem gegen stumpfes Auswendiglernen und den Zwang in der Schule polemisierte. 1912 schloss Neill sein Studium mit dem Titel „Master of Arts" erfolgreich ab.

Der Ausbruch des Ersten Weltkrieges führte Neill, der mittlerweile in London für die „Picadilly" Zeitung arbeitete, wieder nach Schottland Kingsmuir zurück. Wegen eines Beinleidens wurde er für kriegsuntauglich erklärt, was ihn auf der einen Seite beschämte, andererseits aber freute, weil er Angst davor hatte, in den Krieg zu ziehen. Trotz seiner Untauglichkeit und seiner Angst trat er im März 1916 in den freiwilligen Militärdienst ein und wurde Offizier. Auf einen Einsatz an der Front wartete Neill vergebens. Nach einer schweren Grippeerkrankung und einem Nervenzusammenbruch gab er das Offizierspatent zurück und wurde ehrenhaft aus dem Militärdienst entlassen.

2.3. Neills Ehe mit Lilian Neustätter und Ena Wood

Im Dezember 1918 nahm Neill an der „King Alfred School", einer „[...] koedukativen Reformschule"[18], die von John Russells geleitet wurde, seine Arbeit auf und lernte dort Lilian Neustätter kennen. Obwohl Neill einer Ehe gegenüber eher skeptisch war, heiratete er 1927 Lilian Neustätter, um sich nach außen hin „ehrbar und solide"[19] zu zeigen. Neill sagte einst, dass es keine Liebesheirat gewesen sei, sondern er sie nur wegen der Schule, die er mit ihr in Hellerau gründete, geheiratet hätte. Lilian Neustätter starb 1944 an einem Herzinfarkt.

Ena Wood, Neills spätere zweite Frau, arbeitete in Summerhill zunächst als Küchenhilfe und avancierte schnell zur Hausmutter und Neills Sekretärin.[20] Im Jahr 1945 heiratete er schließlich die 27 Jahre jüngere Ena Wood, die am 2. November ihre

---

[18] Ebd., S. 40.
[19] Ebd., S. 271.
[20] vgl. Kühn, A. D.: Alexander S. Neill. Hamburg 1995, S. 89.

gemeinsame Tochter Zoe zur Welt brachte. Das Ehepaar leitete fortan gemeinsam die Internatsschule Summerhill, bis Neill am 23. September 1973 im Krankenhaus von Aldeburgh starb. In den darauf folgenden zwölf Jahren übernahm Ena die alleinige Leitung der Schule, bis sie 1985 die Schulleitung an ihre Tochter Zoe und deren Mann übergab.

3. Konzept der antiautoritären Erziehung

3.1. Neills Aufenthalt und Wendepunkt in Gretna Green

Kurz nach Ausbruch des Ersten Weltkrieges übernahm Neill die Schulleitung der Gretna Public School. Hier wurde ihm zum ersten Mal bewusst, was Erziehung bedeutet.[21] Hatte er sich früher noch dem Schulsystem angepasst und ab und an zur Prügelstrafe gegriffen, vollzog er nun einen radikalen Bruch mit dem von Disziplin, Drill und Angst geprägten schottischen Schulsystem.

In dieser Schule mit 150 Schülern hatte Neill die Möglichkeit, seine Vorstellungen von Freiheit, Angst- und Zwanglosigkeit in die Tat umzusetzen. Aufgrund des Ersten Weltkriegs konnte er dies weitestgehend unkontrolliert von der Schulaufsichtsbehörde erproben.

> *„Es kümmert mich nicht, ob sie (sc. die Schüler) reden oder nicht. Im Gegenteil, wenn das Summen der Unterhaltung abbricht, habe ich das Gefühl, dass etwas passiert ist, und ich schaue stets zur Tür, um zu sehen, ob ein Inspektor angekommen ist."[22]*

In Gretna Green wurde den Schülern die Teilnahme am Unterricht freigestellt. Sie konnten sich auf das konzentrieren, was ihnen Spaß und Freude bereitete. Neill veranstaltete unter anderem Unterrichtsgänge, Ausflüge in die Natur, in der Naturbeobachtungen mit Zeichnungen festgehalten wurden.

Außerdem nahm Neill immer wieder Bezug auf aktuelle Geschehnisse, ließ die Schüler über Kriegsnachrichten diskutieren und ersetzte Lehrbücher durch ausgewählte Literatur, vor allem von Ibsen.

3.2. Neills Begegnung mit Homer Lane und Wilhelm Reich

Die Schrecken des Krieges erschütterten den Glauben an Gehorsam, Autorität und Ordnung und ließen viele Menschen am Sinn der menschlichen Existenz zweifeln. Während des Krieges, der in Nationalismus, Imperialismus und weltweitem Wettrüsten seine Ursachen hatte und für spätere Freiheitsbewegungen mit verantwortlich war, erschütterte 1917 die russische Revolution die Welt. Sozialistische und kommunistische Ideen verbreiteten sich, und Neill sympathisierte eine Zeit lang mit diesen. In diesem bedeutsamen Zeitabschnitt traf Neill auf Homer Lane, einen ge-

---

[21] vgl. Ebd., S. 29.
[22] Ebd., S. 29.

bürtigen Amerikaner, der das „Little Commonwealth", ein Heim für jugendliche Straf-gefangene, leitete, in dem sie lernten, sich durch Selbstverwaltung („Self-government"[23]) Gesetze zu geben und ihre Angelegenheiten und ihr Zusammen-leben in Eigenverantwortung selbst zu regeln.

Lane war vom rousseauschen Glauben überzeugt, dass jedes Kind, auch das ge-walttätige und unglückliche, von Natur aus gut ist.

Neill verdankte Lane eine seiner wichtigsten Erkenntnisse, nämlich dass Aggressivi-tät ein Ausdruck von Angst vor Autorität sei. Deshalb solle man aggressive Kinder nicht bestrafen, sondern die autoritären Verhältnisse abschaffen, aus denen nur Zorn, Wut und Unglücklichsein hervorgingen. Wenn jemand gegen die von der Gruppe gemachten Gesetzte verstieß, griff die Gemeinschaft bzw. Lane zu so ge-nannten „paradoxen Strafen".

„So bestrafte das Self-government beispielsweise Gesetzesbrecher mit Urlaub, für dessen Kosten die Gemeinschaft aufkam, oder Lane forderte einen Jungen, der das ganze Geschirr zertrümmert hatte, auf, nun auch noch Lanes Uhr zu zerschlagen."[24]

Neill war von diesen Ideen und Praktiken Lanes begeistert [„(...) denn nichts in meinem Leben hat mich so stark beeinflußt wie er."][25] und vieles von dem, was er später in Summerhill verwirklichte, hatte hier seinen Ursprung. Darüber hinaus kam Neill über Lane zu den tiefenpsychologischen Theorien von Sigmund Freud, mit denen er sich auseinandersetzte. Für Neill war nun klar, dass zwischen neurotischen Fehlentwicklungen und frühen Kindheitserlebnissen ein enger Zusammenhang be-steht und dass der Sexualtrieb der grundlegende Trieb für das seelische Gleich-gewicht des Menschen ist, dass diese Triebe nicht unterdrückt, sondern ausgelebt werden sollten.

Neills Wunsch, mit Lane in „Little Commonwealth" zusammenarbeiten zu können, wurde ihm durch die Schließung im Jahre 1918 verwehrt.

„Enttäuscht dachte ich, daß ich nun das zweitbeste versuchen sollte. So schrieb ich an John Russel, bat ihn um eine Anstellung, bekam sie und wurde Lehrer an der K.A.S. (King Alfred School)."[26]

---

[23] vgl. Ebd., S. 40.
[24] Ebd., S. 40.
[25] Sutherland Neill, A.: Neill, Neill Birnenstil. Erinnerungen des großen Erziehers. Hamburg 1982, S. 168.
[26] Ebd., S. 139.

An der K.A.S, einer koedukativen Reformschule (gemeinsame Bildung von Jungen und Mädchen) in London, versuchte Neill, „die Freiheiten, die ihm eine private Schule bot, gründlich auszuschöpfen".[27]

Er führte mit Zustimmung John Russels die Selbstverwaltung ein, scheiterte jedoch zum Einen daran, dass die Schüler das „Self-government" nur in den Stunden Neills praktizieren konnten, andererseits regte sich Widerstand seitens des Kollegiums, weil Neill es unter anderem zuließ, dass sich die Schüler in seinen Stunden über die anderen Lehrer ausließen. Die Situation spitzte sich zu und Russel sagte zu ihm: „Einer von uns beiden muß gehen, Neill."[28] Und Neill ging.

In die Zeit an der K.A.S. fiel der Tod seiner Lieblingsschwester Clunie, was ihn den größten Schmerz seines ganzen Lebens erleiden ließ. Durch den Tod seiner Schwester und den damit verbundenen Schmerz kam Neill seinem Vater näher. „Erst damals entdeckte ich in mir zärtliche Gefühle für meinen Vater"[29], und nach einem langen Prozess akzeptierte dieser, der in Neills Kindheit und Jugend die Verkörperung von Pflicht, Gehorsam und Autorität war, die Erziehungsideen seines Sohnes.

Eine weitere wichtige Person, die Neills Horizont erweiterte und seine Selbsterkenntnis vertiefte, war Wilhelm Reich, den er 1937 kennen lernte und mit dem ihn bis zu Reichs Tod 1956 eine Freundschaft verband. Von ihm übernahm er die These, dass ein selbstreguliert aufwachsendes Kind keine Neurosen entwickeln würde. „Bereits Kleinkinder sollten ihre Bedürfnisse selber regeln, und es wäre falsch, wenn die Eltern ihnen ihren Willen aufzwängen."[30]

Neill war wie Reich der Auffassung, dass in der Erziehung nicht Therapie, sondern Prophylaxe wichtig sei und sich die Eltern an den Bedürfnissen ihrer Kinder orientieren sollten. Reichs Einfluss bestand auch darin, dass er Neill von seinen letzten Überbleibseln streng calvinistischer Anschauungen über Sexualität befreite und ihn davon überzeugte, dass Eltern sexuelle Spiele ihrer Kinder nicht bestrafen, sondern bejahen und erlauben sollten.[31] Auf die Schule Neills nahm Reich jedoch

---

[27] Kühn, A. D.: Alexander S. Neill. Hamburg 1995, S. 41.
[28] Ebd., S. 42.
[29] Ebd., S. 44.
[30] Ebd., S. 100.
[31] vgl. Sutherland Neill, A.: Neill, Neill Birnenstil. Erinnerungen des großen Erziehers. Hamburg 1982, S. 176.

keinen Einfluss, da sie sich erst 26 Jahre nach der Gründung von Summerhill kennen gelernt hatten.

4. Hellerau und die Gründung von Summerhill

4.1. Neills Zeit in Hellerau

Um die Wende vom 19. zum 20. Jahrhundert entstanden fast überall in Europa reformpädagogische Ansätze, die Kritik an nahezu allen in den Industrienationen bestehenden Schulsystemen übten. Die Kritik galt in erster Linie den überkommenen alten Erziehungsidealen des etablierten Bildungswesens.[32] Es entstanden Reformschulen, bei denen es sich vorzugsweise um Internatschulen oder Schulen in den sozialen Brennpunkten von Städten handelte. Koedukation, Loslösung von festen Stunden- und Fachschemata, Auflösung von Klassen- und Jahrgangsstufenverbänden, Ersetzen von Lehrbüchern durch selbst erstellte Nachschlagewerke, Einrichtung von Schuldruckereien und Schulgärten waren beispielsweise Schlagwörter, die die Merkmale dieser neuen Schulen kennzeichneten.[33] Es wurden die unterschiedlichsten neuen pädagogischen und psychologischen Ansätze erprobt, wobei es nur wenigen Schulreformern gelang, aus den Experimenten eigene Reformschulideen zu formulieren und eine anhaltende Schultradition zu begründen.

So kam es dann auch, dass sich Neill während seiner Tätigkeit als Journalist bei „New Era" (Education of the New Era), einer Zeitschrift, für die er „Editorials" über die verschiedensten Schulversuche in Großbritannien und auf dem ganzen Kontinent schrieb, mit der im Jahr 1919 ganz aktuellen Montessori Pädagogik auseinandersetzte. Über das Erziehungsmodell von Maria Montessori äußerte sich Neill mit einer „gefühlsmäßigen Ablehnung", da er der Auffassung war, dass es ein künstlicher Weg sei, ein Kind über das Tun lernen zu lassen und dass dies nichts Kreatives sei.[34]

Im Sommer 1921 veranstaltete die New Era eine Konferenz in Calais, wo es zur Gründung der „New Education Fellowship" kam. Diese Organisation wurde zu einer Lobby der internationalen Reformpädagogik und fasste alle progressiven Er-

---

[32] vgl. Böhm, W.: Geschichte der Pädagogik. Von Platon bis zur Gegenwart. München 2004, S. 112.
[33] vgl. Kühn, A. D.: Alexander S. Neill. Hamburg 1995, S. 48.
[34] vgl. Ebd., S. 49.

ziehungsexperimente zusammen. Von Calais reiste Neill über verschiedene Stationen nach Dresden, wohin ihn die Australierin Lillian Neustätter eingeladen hatte, die er von der K.A.S. kannte. In jener Zeit hatten sie gemeinsam eine Schulutopie entworfen, deren Ideen sie nun in Hellerau verwirklichen wollten.[35] In dem einen Seitenflügel des Festspielhauses war eine „alternative Schule" untergebracht und in dem zweiten leer stehenden Seitenflügel eröffnete Neill seine „International School" zusammen mit Lilian Neustätter seine „International School". Dabei übernahm Lilian Neustätter das Management der Schule und kümmerte sich um die 15 Schüler, die aus England, Belgien, Russland, Jugoslawien und Deutschland kamen..

Neill selbst nahm in Hellerau die an der K.A.S. fehlgeschlagene Form des Self-Government wieder auf, ließ die Schüler frei über ihre Teilnahme am Unterricht entscheiden, was nicht ohne Probleme ablief, da die Kinder diese Form von Schule nicht gewohnt waren und es außerdem den Vorschriften der sächsischen Schulbehörde widersprach. Besonders schwierigen Schülern bot Neill therapeutische Einzelsitzungen an. Die von ihm in Büchern immer wieder beschriebenen „paradoxen Strafen" fanden auch in Hellerau ihre Anwendung.

Das Schulheim war aufgeteilt in eine deutsche und Neillsche Abteilung, und während oben getanzt wurde, wurde in der deutschen Abteilung Goethe und Nietzsche gelesen[36], was zwangsläufig zu Konflikten und Verstimmungen führen musste. Die Hauptstreitfrage war, ob jemand das Recht habe, den Charakter eines Kindes zu formen, was die deutschen Lehrer bejahten, Neill aber vehement ablehnte. Folgendes Zitat belegt sehr augenfällig die gegensätzliche Auffassung von Erziehung zwischen Neill und seinen deutschen Kollegen.

„Der Leiter der deutschen Abteilung begann seine Ansprache an die Eltern mit den Worten: «Hier arbeiten wir». Er reagierte verärgert als ich (Neill) ihn fragte, warum er seine Rede nicht mit den Worten: «Hier haben wir Spaß» begonnen hätte."[37]

Die Gründe, die Neill 1924 dazu veranlassten, Deutschland zu verlassen, waren nicht so sehr in diesen inhaltlichen Differenzen zu suchen, sondern in dem immer mehr aufkommenden Nationalismus und Antisemitismus sowie den Revolutionswirren in

---

[35] vgl. Ebd., S. 50.
[36] vgl. Ebd., S. 57.
[37] Sutherland Neill, A.: Neill, Neill Birnenstil. Erinnerungen des großen Erziehers. Hamburg 1982, S. 148.

Sachsen, was dazu führte, dass die Schülerzahlen sanken und die neue deutsche Schule gezwungen wurde, ihren Betrieb einzustellen.

„Die Schule wurde geschlossen, und das gute alte Schulheim ging in andere Hände über. Die neuen Besitzer errichteten sofort einen Stacheldrahtzaun um es herum, ein Symbol dafür, dass die Freiheit Hellerau verlassen hatte."[38]

4.2. Gründung von Summerhill

Auf der Suche nach einem neuen Standort für seine Schule wurde er in einem ehemaligen Kloster in Österreich auf dem Sonntagberg fündig.[39] An dieser Schule fand kein regulärer Unterricht statt und es wurde kein Religionsunterricht erteilt. Diese Tatsachen riefen in der Bevölkerung und bei der Schulbehörde heftigen Widerstand hervor, so dass Neill gegen Ende des Jahres 1924 mit einer kleinen Gruppe, bestehend aus Schülern und Lehrern, nach England ging und sich dort mit Lilian in der Grafschaft Dorset ein heruntergekommenes Herrenhaus mietete, das auf dem „Summer-Hill" lag. Eine Bezeichnung, die eine ganze pädagogische Richtung umfasste, welche auf die 68er Bewegung und deren Entwicklung erheblichen Einfluss hatte und bis heute begeisterte Anhänger und erbitterte Gegner findet.

Bis nach Ende des Krieges musste Neill noch zweimal mit seiner Schule umziehen, bis er dann 1927 in das als Summerhill berühmt gewordene Gebäude in Leiston an der englischen Ostküste umzog. Neill nahm einen Kredit auf und kaufte das Gebäude mit dessen Grünflächen. 1940 wurde die Schule von der Armee beschlagnahmt und Neill ein weiteres Mal gezwungen, an einen anderen Ort auszuweichen. Im August 1945 kehrte er schließlich nach fünf Jahren Aufenthalt in Nord Wales zurück nach Leiston, an den Ort, an dem die Schule bis heute noch existiert.

Da englische Schulen grundsätzlich dem Erziehungsministerium unterstehen, wurde Summerhill von Schulinspektoren mehrmals inspiziert. 1999 kam es beinahe zur Schließung, weil die Inspektoren die spärliche Einrichtung und die fehlende Anpassung an das staatliche Schulsystem beklagten. Sie verlangten einen verpflichtenden Unterricht in Klassenform, was Zoe aber entschieden ablehnte, weil damit eine grundlegende Philosophie, nämlich die der Selbstbestimmung über den

---

[38] Kühn, A. D.: Alexander S. Neill. Hamburg 1995, S. 60
[39] Vgl. Ebd., S. 60.

Unterrichtsbesuch und die freie Erziehung, aufgegeben würden.[40] Letztendlich wurde die Schließung durch einen außergerichtlichen Vergleich verhindert.

---

[40] Vgl. URL http://www.berlinonline.de/berliner-zeitung/archiv/.bin/dump.fcgi/1999/0604/feuilleton/0106/index.html [Stand:09.03.2008]

5. Neills pädagogische Theorie

„Ohne das Reflektieren über den Menschen, d.h. letztlich ohne das Philosophieren als ein Fragen nach Weg und Ziel menschlicher Existenz, ist Erziehung nicht möglich."[41]

Jede Gesellschaft, jede Epoche hat ihr eigenes Erziehungs- und Bildungssystem. So kann man nach Röhrs in der heutigen Erziehungswirklichkeit noch deutlich die jeweiligen historischen Schichten erkennen: „Die geistlich- gelehrte, die adlige, die bürgerliche Erziehung sind nacheinander emporgewachsen und eine proletarische verlangt nach Herrschaft."[42]

Da wir in der heutigen Gesellschaft keine einheitliche Weltanschauung mehr haben, sondern viele Vorstellungen miteinander konkurrieren, existieren verschiedene Philosophien bezüglich Bildung und Erziehung:

> *„Neben der religiösen Weltanschauung steht die positivistisch- rationalistische: «Dort wird die Erziehung ganz auf den frommen Sinn, hier auf Wissenschaft gestellt.» Die individualistische Weltanschauung ringt mit der sozialistischen: «Dort entfaltet man die frei und schön vollendete Persönlichkeit, hier formt man sie zum Dienste der Gesellschaft.» Die historisch romantische Betrachtung hat zum Gegensatz die naturrechtlich- fortschrittliche: «Dort Bindung an die gute alte Zeit, hier der Wille zum Neuen, erst zu Erprobenden».[43]*

All diese historischen Gegensätze der Pädagogik sind nach Röhrs letztlich auf den pädagogischen Urgegensatz der Generationen zwischen Vater und Sohn, Lehrer und Schüler zurückzuführen. Die grundlegenden Gegensätze werden erst dann bewusst, wenn sie im Ganzen in Frage gestellt werden[44], wenn ein echter Generationenkonflikt wie beispielsweise in den 68er Jahren aufbricht, der wie schon erwähnt einen nicht unerheblichen Einfluss auf die Diskussion um Erziehung und Bildung hatte.

Diese oben beschriebene Situation lässt sich auch auf Alexander S. Neill übertragen. Auch er wollte sein am eigenen Leib erfahrenes Erziehungs- und Bildungssystem aufbrechen und auf eine völlig neue Grundlage stellen. Neill wollte, dass seine Schüler in Freiheit, ohne disziplinarischen Zwang und Lenkung durch Erwachsene, ohne ethische und religiöse Unterweisung in Selbstbestimmung aufwachsen. Sein Anliegen war es, den Kindern dabei zu helfen, zu selbstsicheren, ausbalancierten Menschen zu werden, eigene Interessen und Standpunkte zu entwickeln und zu ver-

---

[41] Röhrs, H.: Erziehungswissenschaft und Erziehungswirklichkeit. Frankfurt 1967, S. 3.
[42] Ebd., S. 14.
[43] Ebd., S. 16.
[44] vgl. Ebd., S. 24.

treten, aber zugleich auch die Fähigkeit zu besitzen, Toleranz gegenüber anderen Menschen auszuüben.[45] Für Neill stand die Kreativität und Emotionalität im Vordergrund jedes einzelnen Kindes und nicht der akademische Bildungsgrad, der eventuell später erreicht werden sollte.

„So war in Summerhill stets das Einstudieren künstlerischer Ausdrucksformen wie Tanz, Theater, Malerei und plastisches Gestalten gleichwertig mit traditionellen Unterrichtsfächern."[46]

Neill ging wie Rousseau von der Überzeugung aus, dass der Mensch von Natur aus gut ist, dass ein Kind von Geburt an eine Lebenskraft mit sich bringt, die es befähigt, das Leben zu lieben und am Leben interessiert zu sein. Seiner Meinung nach neigt kein Kind zur Böswilligkeit, Aggression und Destruktion, sondern es wird durch die Gesellschaft, Umwelt und Erziehung geformt. „Das schlechte Betragen eines Kindes ist ein sichtbarer Beweis dafür, daß ein Kind schlecht behandelt worden ist."[47] Neill nennt in diesem Zusammenhang den Vergleich mit einem guten Hund, der an die Kette gelegt und dann aggressiv wird. Von dieser Unfreiheit, die er hier am Beispiel des Hundes verdeutlicht, wollte Neill die Menschen befreien. „Das Ziel unseres Lebens ist Glück. Alles Übel im Leben besteht in der Einschränkung und Zerstörung des Glücks."[48]

Doch was heißt Freiheit für Neill? Für Neill bedeutete Freiheit ein Kind so lange gewähren zu lassen, bis es selbst von einer Sache oder seinem Tun überzeugt ist. „Freiheit heißt, tun und lassen zu können, was man mag, solange die Freiheit der anderen nicht beeinträchtigt wird."[49] Nach Neill wird diese Freiheit durch Hass und Neid in der Gesellschaft unterdrückt und kann nur durch neue Erziehungsmethoden, wie er sie in Summerhill praktizierte, wieder hergestellt werden. Nur wenn Erziehung und Bildung, Eltern und Schule sich diesen Freiheitsidealen verpflichtet fühlen, könne die Gesellschaft gerettet werden. Sinngemäß könnte man mit Goethe sagen, nur wenn die Eltern erzogen sind, haben wir besser erzogene Kinder. Neben der Freiheit der Kinder betrachtete Neill es als eine wichtige Aufgabe der Erziehung, Verantwortung für sich selbst aber auch für andere zu übernehmen. „Man sollte den Kindern erlauben, beinahe uneingeschränkt eigene Verantwortung zu tragen".[50] Die

---

[4545]Vgl. Kühn, A. D.: Alexander S. Neill. Hamburg 1995, S. 132.
[46] Ebd., S. 132.
[47] Sutherland Neil, A.: Theorie und Praxis antiautoritärer Erziehung. Hamburg 1969, S. 162.
[48] Ebd., S. 120.
[49] Ebd., S. 123.
[50] Ebd., S. 156.

Übernahme der Verantwortung müsse aber abhängen vom Alter des Kindes und seiner psychischen und physischen Entwicklung. In Summerhill ist es die Selbstverwaltung, die die Kinder veranlasst, eigenständig Verantwortung zu übernehmen. Trotz eigener Verantwortung muss sich ein Kind in bestimmten Fällen einer Autorität fügen. Neill verdeutlicht dies unter anderem an drei Beispielen:

> *„In Summerhill fragen wir unsere Fünfjährigen nicht, ob sie einen Feuerschutz brauchen oder nicht. Wir lassen einen Sechsjährigen nicht entscheiden ob er ins Freie gehen kann oder nicht, wenn er Fieber hat. [...] Man fragt ein krankes Kind nicht nach seiner Einwilligung, wenn man ihm Medizin gibt."[51]*

Auch Sexualität und der Umgang mit dieser spielte in Neills Vorstellungen von Freiheit und der Entwicklung des Kindes eine wichtige Rolle und forderte die Bejahung zum ungezwungenen Umgang mit dem menschlichen Körper , um den eigenen Körper erfahren und kennen zu lernen.

Nach Neills Vorstellung von sexueller Aufklärung bedeutete dies, dass die Fragen der Kinder aufrichtig und ohne falsche Moral zu beantworten sind.[52] Das wiederum heißt, dass Wissen über Sexualität wie jedes andere Wissen angesehen werden sollte. „Dann aber, erst dann, wird ein kleines Kind ohne Hemmungen und Haß gegen seinen eigenen Körper aufwachsen."[53] In Summerhill wird Sexualität nicht tabuisiert, sondern akzeptiert und unterstützt, Unterstützung im Sinne von Fragen bezüglich der Verhütung oder sonstigen Problemen der Kinder und Jugendlichen.

Zusammengefasst lassen sich die Erziehungsziele Neills folgendermaßen formulieren:

- mit Freude zu arbeiten und glücklich zu werden
- angstfrei und selbstbestimmt aufzuwachsen
- Schule dem Kind anzupassen und nicht umgekehrt
- am Unterricht teilzunehmen oder auch nicht
- in heterosexuellem Spiel in der Kindheit ein gesundes und ausgeglichenes Geschlechtsleben zu finden.

---

[51] Ebd., S. 157.
[52] vgl. Ebd., S. 209.
[53] Ebd., S. 213.

6. Beispiel einer typischen Unterrichtswoche in Summerhill

Die ganze Woche über findet zwischen 8.15 Uhr und 9 Uhr ein gemeinsames Frühstück statt, und die Betten sollten vor 9.30 Uhr gemacht sein. Um 12.30 Uhr bzw. 13.30 Uhr gibt es ein gemeinsames Mittagessen. „Zu Beginn jedes Tertials wird ein Stundenplan aufgestellt."[54]

Der Unterricht beginnt um 9.30 Uhr und endet um 13 Uhr. Der Chemie Lehrer Derek unterrichtet Klasse I am Montag, am Dienstag Klasse II usw.
Nach ähnlichem Muster unterrichtet Neill Englisch und Mathematik, Mauritze Erdkunde und Geschichte. Die jüngeren Schüler von sieben bis neun Jahren werden in der Regel von einem einzigen Lehrer unterrichtet. Die Schüler brauchen nicht zum Unterricht zu erscheinen. So kann es vorkommen, dass ein Schüler am Montag in den Englisch Unterricht kommt und dann erst wieder in der Woche darauf am Freitag. Möglicherweise wird ihm dann von den anderen Schülern entgegen gehalten, dass er die Arbeit aufhalte. Nachmittags gehen die meisten Schüler dann allen möglichen Freizeitbeschäftigungen nach, wie zum Beispiel Linolschnitte herstellen, Korbflechten oder Lederarbeiten, Töpfern, Holz- und Metallwerkstücke herstellen etc. Wenn die Kinder das nötige Geld haben, gehen sie am Montag- bzw. Donnerstagabend ins Kino.
So laufen im Prinzip die Vor- und Nachmittage in Summerhill ab.
Am Dienstagabend finden sich die Jüngeren in verschiedenen Lesegruppen zusammen, während den älteren Schülern ein Psychologievortrag von Neill angeboten wird.
Der Mittwochabend ist für Tanz reserviert. „Am Donnerstag ist nichts Besonderes los. Die Größeren gehen dann in Leiston oder Aldeburgh ins Kino. Der Freitagabend ist besonderen Ereignissen wie Theaterproben vorbehalten."[55] Die aufgeführten Theaterstücke werden von den Jungen und Mädchen selbst verfasst, Kostüme und Kulissen selbst hergestellt und auch die Inszenierung der Stücke liegt in ihren Händen. Die allwöchentliche Schulversammlung findet am Samstagabend statt und hier wird alles, was das Zusammenleben der Gemeinschaft betrifft durch Abstimmung geregelt, wobei jeder - egal ob Lehrer oder Kind - die gleiche Stimme hat. Als Vorsitzender fungiert jede Woche ein anderer Schüler, wobei der Nachfolger

---

[54] Ebd., S. 30.
[55] Ebd., S. 31.

jeweils vom amtierenden ernannt wird.[56] „Unsere kleine Demokratie gibt sich selbst ihre Gesetze.“[57]

Neill hielt diese wöchentlichen Schulversammlungen für wertvoller als den Fachunterricht einer ganzen Woche, weil die Kinder in diesem Rahmen lernen konnten, sich in freier Rede zu äußern, ohne Hemmungen zu sprechen und ihre Interessen zu vertreten.[58]

---

[56] vgl. Ebd., S. 30-61.
[57] Ebd., S. 61.
[58] vgl. Ebd., S. 70.

7. Kontroverse Stellungnahmen zu Summerhill

Es ist nun schon acht Jahrzehnte her, seit Neill Summerhill gegründet hat. Nach seiner eigenen Auffassung war dies „ein revolutionärer Schritt in der Kindererziehung."[59]

Das pädagogische Konzept von Neill wird kontrovers diskutiert: Die Einen betrachten es als Wendepunkt in der Geschichte der fortschrittlichen Erziehung, die Anderen tun es als utopische Seifenblase ab.[60]

Im Folgenden möchte ich einige umstrittene Aussagen anführen und anschließend meine Meinung zu Neill und seinem Erziehungskonzept abgeben.

„Neill ist ein genialer Erzieher, weil er in Theorie und Praxis von dem Grundsatz ausgeht: Die Schule ist für die Kinder da und nicht umgekehrt."[61]

„Neill ist ein Idylliker aus der pädagogischen Provinz. Er verkennt seine Hauptaufgabe als Erzieher, nämlich seine Schüler auf ihr späteres Leben nach der Schulzeit vorzubereiten; dann müssen die den Anforderungen der Gesellschaft genügen, oder sie werden Versager."[62]

„[...] Summerhill ist ein schlechter Witz. Es bringt das wahre Lernen auf die Ebene einer Orgie herunter, in der alle Ordnung sich auflöst. Aus dem Lehrer macht es den kichernden Vorführer eines Herrenfilms. Die Schule verwandelt es in eine Kreuzung aus Tollhaus und Kesselschmiede. Das Ganze ist eine Karikatur der Erziehung."[63]

„Neill besitzt den heute selten gewordenen Mut, an das zu glauben, was er sieht, und Realismus mit unerschütterlichem Vertrauen zu Vernunft und Liebe zu verbinden. Er achtet kompromisslos das Leben und das Individuum."[64]

Die oben angeführten Zitate scheinen mir alle sehr überspitzt formuliert zu sein. Deshalb versuche ich im Folgenden eine meiner Meinung nach realistische und relativ neutrale Stellungnahme abzugeben.

„Wendepunkt" und „utopische Seifenblase": Ich glaube beide Wertungen werden Summerhill nicht gerecht. Neill hat Liebe und Freiheit als tragendes Fundament der Erziehung wieder ins Gedächtnis gerufen. Das ist sein großes Verdienst - und dass er seine Erziehungsidee in einem „Inselversuch" erprobt hat. Dass er Liebe, Freiheit und Selbstbestimmung in den Mittelpunkt der Erziehung rückt, ist meiner Meinung nach zu begrüßen, aber nichts revolutionär Neues, wie es manche seiner Anhänger

---

[59] Weidle, G.E.: Summerhill: Pro und Contra. Hamburg 1971, S.183.
[60] vgl. Ebd., S.183.
[61] Ebd., S.7.
[62] Ebd., S.7.
[63] Ebd., S.25.
[64] [64] Sutherland Neil, A.: Theorie und Praxis antiautoritärer Erziehung. Hamburg 1969, S.17.

glauben machen. In Winfrieds Böhms „Geschichte der Pädagogik" spricht schon Augustinus vom Gedanken der „personalen Selbstwahl".

> *„Lernen ist nicht passives Empfangen, sondern ein aktives Fürwahrhalten, Fürwerthalten und Fürschönhalten - Lehren ist nicht Vermitteln von Kenntnissen und Inhalten, sondern nur den Anstoß zum Selberglauben und zu selbst gewonnen Einsichten [...]. Überhaupt ist Erziehung nicht Fremdgestaltung, sondern Selbstgestaltung der Person durch Einsicht, Wahl, und Entscheidung. Erziehung kann niemals von außen bewirkt sondern allenfalls angeregt werden.[65]*

Erziehung ist immer auf ein Ziel gerichtet. Sie geschieht nicht isoliert, kann nicht alleine nur vom Kind her gesehen werden, sondern ist in einen gesamtgesellschaftlichen, politischen, wirtschaftlichen und kulturellen Rahmen eingebettet. Erziehung sollte sich immer die Frage stellen: Kann ich durch Bildung und Erziehung Kinder und Jugendliche auf die zu erwartenden Aufgaben in der Gesellschaft vorbereiten, gebe ich ihnen das notwendige Rüstzeug für die Zukunft mit, biete ich ihnen die Möglichkeiten der Selbstverwirklichung zum Wohle des Ganzen?

Freiheit ist nie nur Freiheit von etwas (Freiheit von Angst, Aggression, Zwang, Herrschaft, Fremdbestimmung usw.), sondern auch immer Freiheit zu etwas. (Freiheit zur Selbstverwirklichung, zum Glücklichwerden, zur Entfaltung seiner Anlagen und Fähigkeiten usw.).

Summerhill war sicher eine mutige Pioniertat, indem damaligen relativ starren Erziehungs- und Bildungssystem, und diese kann uns bis heute dazu ermuntern, eingefahrene Pfade in Bildung und Erziehung zu verlassen, um neue Wege gehen zu können. Doch es hatte von Anfang an einen Fehler. Neill verabsolutierte die Liebe zum Kind, stellte sie sozusagen in einen bindungsfreien Raum, beachtete zu wenig die gesamtgesellschaftlichen und wirtschaftlichen Grundbedingungen, in denen Erziehung und Bildung stattfinden.

Er überbetonte meiner Meinung nach die Fähigkeit der Selbstfindung des Kindes, überschätzte dessen Eigenkraft, übersah, dass Kinder der Anleitung, Inspiration, Herausforderung, aber auch der Grenzziehung, der verantwortungsvollen Autorität (Würde, Ansehen, Einfluss) Erwachsener bedürfen.

Er glaubte, Kinder kämen geistig und emotional als „unbeschriebenes Blatt" zur Welt und würden in freier Selbstbestimmung den ihnen entsprechenden Weg finden. Dabei übersah er m. E. die Tatsache, dass Kinder bei der Geburt schon mit bestimmten emotionalen und intellektuellen Anlagen zur Welt kommen: Neugier,

---

[65] Böhm, W.: Geschichte der Pädagogik. Von Platon bis zur Gegenwart. München 2004, S.38.

Interesse, Freude, Trauer, Zurückweisung und Ekel sind im Ausdrucksverhalten von Säuglingen zu beobachten, Vererbung und die genetische Ausstattung entscheiden schon sehr früh mit den Weg eines Kindes (es gibt eben unterschiedliche Begabungen und diesen müssen Schule, Bildung und Erziehung Rechnung tragen durch unterschiedliches Fordern und Fördern).

Des Weiteren übersah bzw. kannte er noch nicht die Bedeutung des frühkindlichen, strukturierten, gezielten und didaktisch methodisch aufbereiteten Lernens, denn gerade im Säuglings- und Kindesalter ist die Plastizität des Gehirns sehr groß, d.h. durch Erfahrung und Praxis veränderbar.[66]

Durch regelmäßiges Wiederholen, Einüben und Tun werden bestehende Schaltstellen im Gehirn verstärkt, neue geknüpft, das Nervennetzwerk beeinflusst. Der Ulmer Psychiater Spitzer hat das auf die Formel gebracht: „ Jedes Gehirn ist das Protokoll seiner Benutzung"[67]. Unser Gehirn ist offen für die Lebenserfahrungen, die auch immer sozial geprägt sind. „Individualität und soziale Beeinflussbarkeit gehören zusammen und beeinflussen die persönliche Hirnstruktur."[68]

Ich als angehender Lehrer sage nicht,

suche deinen Weg und finde ihn

sondern ich sage

gehe deinen Weg, ich begleite dich.

---

[66] vgl. Hubert Martin: Ist der Mensch noch frei? Wie die Hirnforschung unser Menschenbild verändert. Düsseldorf 2006, S. 31.
[67] Ebd., S. 32.
[68] vgl., Ebd. S. 32.

8. Literaturverzeichnis:

Kühn, Axel D. (1995): Alexander S. Neill. Reinbek bei Hamburg: Rowohlt (Rowohlts Monographien).

Neill, Alexander Sutherland (1973): Neill, Neill, Birnenstiel. Erinnerungen. Reinbek bei Hamburg: Rowohlt.

Neill, Alexander Sutherland (1969): Theorie und Praxis der antiautoritären Erziehung : das Beispiel Summerhill. Summerhill dt. Reinbek bei Hamburg: Rowohlt (Rororo, 6707 : rororo-Sachbuch).

Röhrs, Hermann (1964): Erziehungswissenschaft und Erziehungswirklichkeit hrsg. von Hermann Röhrs. Frankfurt a. M.: Akad. Verlagsges. (Akademische Reihe : Pädagogik).

Weidle, Guenther Ekkehard (1982): Summerhill pro und contra. 15 Ansichten zu A. S. Neills Theorie u. Praxis ; [antiautoritäre Schule in d. Diskussion]. Dt. Erstausg., 293. - 295. Tsd. Reinbek bei Hamburg: Rowohlt (rororo rororo-Sachbuch, 6704).

Böhm, Winfried (2007): Geschichte der Pädagogik. Von Platon bis zur Gegenwart. 2., durchges. Aufl. München: Beck (Beck'sche Reihe).

Hubert, Martin (2006): Ist der Mensch noch frei? Wie die Hirnforschung unser Menschenbild verändert. Düsseldorf: Walter.

URL: http://www.spielzeugland-erzgebirge.com/Ueber-uns:_:9.html [Stand: 29.02.2008].

URL: http://de.wikipedia.org/wiki/Alexander_Neill [Stand 03.03.2008]

URL: http://de.wikipedia.org/wiki/Snob [Stand:03.03.2008].